BEI GRIN MACHT SICH IHR
WISSEN BEZAHLT

Führung von virtuellen Teams, Konfliktlösung am Arbeitsplatz und Planung eines Workshops zur Einführung eines Qualitätsmanagementsystems

Eloy Veit

GRIN

Bibliografische Information der Deutschen Nationalbibliothek:

Die Deutsche Nationalbibliothek verzeichnet diese Publikation in der Deutschen Nationalbibliografie; detaillierte bibliografische Daten sind im Internet über http://dnb.d-nb.de abrufbar.

ISBN: 9783346759931
Dieses Buch ist auch als E-Book erhältlich.

Druck und Bindung: Books on Demand GmbH, Norderstedt Germany
Gedruckt auf säurefreiem Papier aus verantwortungsvollen Quellen

Das vorliegende Werk wurde sorgfältig erarbeitet. Dennoch übernehmen Autoren und Verlag für die Richtigkeit von Angaben, Hinweisen, Links und Ratschlägen sowie eventuelle Druckfehler keine Haftung.

Das Buch bei GRIN: https://www.grin.com/document/1293386

Einsendeaufgaben

Bearbeitung des Themenkataloges

28.2.2020

SRH Fernhochschule

Modul: Führung und Kommunikation
Studiengang: Wirtschaftspsychologie

Eloy Benjamin Veit
Wirtschaftspsychologie B.Sc.

Inhaltsverzeichnis

Abkürzungsverzeichnis

a. a. O.	am angegebenen Ort
Abb.	Abbildung
Aufl.	Auflage
Bd.	Band
Bde.	Bände
Diss.	Dissertation
ebd.	ebenda
et al.	und andere
f.	folgende Seite
ff.	folgende Seiten
Hrsg.	Herausgeber
Jg.	Jahrgang
o. J.	ohne Jahr
o. O.	ohne Ort
o. V.	ohne Verfasser
o. S.	ohne Seite
vgl.	vergleiche
ggf.	gegebenen falls
zb.	Zum Beispiel
bsph.	beispielshalber
DGFP.	Deutsche Gesellschaft für Psychologie
QMS	Qualität Management System

A1)

Virtuelle Teams gewinnen in Unternehmen immer mehr an Bedeutung. Hier wird aufgezeigt, wie Teamleiter in virtuellen Teams den Aufbau von Persönlichen Beziehungen zwischen Teammitgliedern unterstützen können und anschließende Diskussion über die Unterschiede resp. die Gemeinsamkeiten zwischen der Führung eines normalen und eines virtuellen Teams.

a) Bedeutung und Gemeinsamkeiten virtueller Teams

„Die Begriffe „Globalisierung" und „Digitalisierung" sind in aller Munde[1]."
Dies wirkt sich auch auf die Organisationen, ihren Aufbau, Ablauf, sowie die Beschaffenheit der kleinsten ihrer Subsysteme[2] und deren interne bzw. externe Kommunikation aus. Der Wettbewerb und Kostendruck verstärken sich zwischen den Anbietern, dabei kommt es zu neuen Herausforderungen, welche durch die Anforderungen, zukünftige Technologien richtig zu akquirieren, sowie Bedürfnisse neuer wie auch alter Märkte bedarfsgerecht zu decken entstehen. Von den Änderungen sind sowohl die Produktion wie auch die Dienstleistungssektoren betroffen[3]. Da sich kein Unternehmen den Megatrends[4] entziehen kann, ohne dabei ihr Fortbestehen zu gefährden, ist darauf zu achten, dass die Auswirkungen weitestgehend verstanden sowie auch vollends genutzt werden[5]. geschieht dies nicht, sind Konsequenzen folgebedingt. Durch die Digitalisierung kommt es zu einer fortschreitenden Immaterialisierung von Produkten, Prozessen und Ressourcen von Unternehmen[6], dies führt zu einer rapiden Beschleunigung von Arbeitsabläufen sowie der Steigerung der Komplexität der zu bewältigenden Aufgaben[7]. Die Diversifikation von Aufgaben, welche sich im Hintergrund eines stetig Globaler werdenden Wirtschaftssystems ersichtlich machen, birgt Herausforderungen, welche von gewohnt statischen Unternehmensstrukturen wie u.a. ein-Liniensystemen mit Starren Hierarchischen Ebenen, Garnichtmehr oder nur schlecht getragen werden können.

„die größte Herausforderung für Organisationen im 21. Jahrhundert und die einzige Möglichkeit, in einem Globalen Umfeld erfolgreich zu sein[8]", besteht nunmehr in der

---

[1] Bertelsmann Stiftung (2015)
[2] Teams sind die kleinsten Subsysteme, welche ein Unternehmen in der Regel aufweist.
[3] Vgl. Müller Kapitel (2013), 0 Vorwort Zeile 21-30
[4] Vgl. Cachelin (2013), S.52
[5] Vgl. Hermann et al. (2006), S.25.
[6] Cachelin (2013), S.53
[7] Bankl (2014), S. 306

[8] Kühne (2011), S.1

Anpassung der Organisationen und den in ihnen agierenden Teams, an die von ihrer Umwelt geforderten Bedingungen. Diese Bedingungen, lassen sich nach Akin und Rumpf in folgenden Aspekten des Wandels Kategorisieren: 1) Globalisierung 2.0 2) Klimawandel und Auswirkungen auf die Umwelt 3) Demografischer Wandel 4) Individualisierung und Wertepluralismus 5) Digitaler Lebensstil und digitale Lebensweise 6) Technologiekonvergenz[9]. Gerade in Bezugnahme auf die Aspekte (4, 5 und 6), versuchen Unternehmen mittels Virtuellen Teams, neue Formen der Leistungserbringung zu fördern. Virtuelle Teams sind räumlich verteilte Arbeitsgruppen, welche es den starren Organisationsformern ermöglicht, in einem von Dynamik geprägten Arbeitsprozess über die bisher geltenden Grenzen ihrer Organisation hinaus zu arbeiten. Wobei die Arbeit in einem neuen Kontext zu verstehen ist, denn diese befreit die Mitglieder eines solchen Teams von Zeitlichen, Geographischen und fest Organisationalen Grenzen[10]. letztere verstanden als „Erosion zeitlicher, räumlicher, inhaltlicher bzw. motivationaler Grenzen bisheriger Formen von Einsatz und Nutzung von Arbeitskraft[11]". Diese eröffnen völlig neue Chancen, welche derzeit noch als Herausforderungen zu betrachten sind, da die Forschung dieser Virtuellen Teams sich in ihren Anfängen befindet, was sich in der hohen Quote des Scheiterns darstellt (70%)[12]. Jedoch zeichnet sich ab, dass der Trend um diese Teams vor allem im Bereich der Erwerbswirtschaft, nicht mehr ein zu dämmen ist. Auch wenn einzelne Top Arbeitgeber eine potenzielle Abschaffung in Betracht ziehen (IBM)[13]. 2013 gaben 74% der befragten (Deutschen) Unternehmen an, effektiv Virtuelle Teams in ihren Unternehmen ein zu setzen[14]. In einer österreichischen Studie, gaben 15 % der befragten an, dass die Ausbreitung von Virtuellen Teams einen signifikanten Unterschied auf ihren Arbeitsalltag hat. 27 % hingegen, befanden diesen Einfluss für leicht prägnant[15]. Eine andere Studie von 2015, welche sich mit den Millennials, also der nun in die Arbeitswelt eintretende Generation (14-35), dass sich mehr als 51% der derzeit Berufstätigen einen Arbeitsplatz erhoffen, welchen sie Örtlich selbst bestimmen dürfen. Bei den Erwartungen der Schüler, ist dieser Wert mit 54 % noch höher. Gerade auf die bevorstehende Individualisierung des Menschen und den damit anstehenden Wertepluralismus 4),

---

[9] Vgl. Akin, Rumpf (2013), S. 6-7
[10] Vgl. Müller (2013), Kapitel 1 Z1-10
[11] Kratzer (2003), S. 44
[12] Vgl. Döring, P. Meser, L. (2013), Studie (Rochus Mummert Executive Consultant)
[13] Frankfurter Allgemeine/ IBM schafft Homeoffice ab
[14] Vgl. Akin und Rumpf (2013), S.378
[15] Vgl. Mohr (2019), Statistik.

welche mit einer Fülle an neuen Anforderungen einhergeht, bsp. Ablösung des Firmenbezogenen Selbstwertes durch den eigenen Selbstwert des Individuums, benötigen Unternehmen Familienfreundliche Betriebe ggf. Konzepte, welche den Arbeitenden mehr als Gleitzeit und andere Instrumente der Anpassungen des Workloads, zu Deutsch (Arbeitslast) einräumen. Virtuelle Teams können hier ihr potenzial offenbaren, indem sie den benötigten Freiraum verschaffen, welcher für solche einen Wandel benötigt wird. 5) der Digitale Lebensstil ist längst in der Mitte unserer Gesellschaft angekommen, die Grenzen zwischen Privat und Arbeitsleben verschwimmen immer weiter[16]. Wobei es zu neuen Formen von sozialen Beziehungen kommt und sich der „daily Workload" zu Deutsch, täglich zu bewältigende Arbeitslast auch in Richtung Virtuelle Realität verschiebt. Diese 6)[17] auf völlig neue Technologien treffen, welche zuerst verstanden werden müssen, um effizient eingesetzt werden zu können. Letztlich bleiben nur noch die Unternehmen-Mash-ups, also die (Kooperationen zwischen Unternehmen, welche ggf. auch Branchen übergreifender Natur sind anzuführen. Ort und Zeit unabhängige Arbeit, führt zu einer erhöhten Internationalen Kooperation, welche sich auf die Heterogenität der Gruppen im internationalen Kontext abfärbt. Also zu einer Diversifikation im Kontext der Multikultureller Zusammenarbeit führt, und somit den Virtuellen Teams noch mehr an Bedeutung zukommen lasst.

b) Aufbau von persönlichen Beziehungen in Virtuellen Teams

Hackert erwähnt „das Erfolgspotenzial betrieblicher Gruppenarbeit [...] in der Koordination und Vernetzung individueller Einzelbeiträge [liegt] und [...] sich vor allem auf direkte und intensive Kommunikationsleistungen [stützt][18]", in virtuellen Teams ist die Art wie kommuniziert wird hervor zu heben, da diese im Regelfall unter einer Dezimierung der analogen Kommunikationswege leidet, dies geht mit erheblichen Einbußen der Qualität einiger Aspekte der Kommunikation einher und priorisiert die Beziehungsentwicklung in diesen um so mehr[19]. Als Maßgebende Variable ,für die Effektivität von Virtuellen Teams seitens der Geführten, ist Vertrauen als Moderator

---

[16] Vgl. Trinczek (2011), S. 612

[17] Vgl. Maier (2019), S. 10
[18] Hackert (1999), S. 89
[19] Vgl.Weibler (2017), Kap.4 Abs.1

Variable anzuführen[20], dieser folgen der Austausch und die Weitergabe von Wissen[21]. Erstes schafft Identität, sowie persönliche Identifikation[22]. Somit obliegt es der Führungskraft einen Rahmen zu schaffen, in welchem jeder Mitarbeiter seine Fähigkeiten und Stärken einbringen kann[23],ferner fördert die Reduzierung der Kontrolle der Führungskraft in einem sinnvollen Maße, die Autonomie des Spezialisten (Mitarbeiters) in seiner Funktion als Consultant und unterstützt dessen Selbstwert. Wobei der Fokus verstärkt auf die positiven Fähigkeiten des Individuums gerichtet wird[24]. Der Ansatz der Interpersonal-beziehungsorientierten Teamentwicklung[25], fokussiert die Entwicklung sozialer Kompetenzen, auch (soft-skills) genannt zu diesen gehören bsph. offene Kommunikation, sowie die Erhöhung der Mitarbeiterzufriedenheit, welche man durch gruppendynamische Übungen und der Festlegung von Spielregeln im Team beeinflusst. Eine (Methode), welche beide dieser Aspekte verinnerlicht, ist das sogenannte Kick-off Meeting. Zu den Inhalten eines Kick-off-Meetings, gehören u.a. das persönliche Kennenlernen, zuweisen von Gruppenaufgaben, Technologische Unterstützung, Regeln der Technologienutzung, Entwicklung der Teamnormen sowie Regeln, Kulturelle Aspekte und die Förderung von sozialen Kontakten[26]. Es ist wichtig, dass sich die Teammitglieder zumindest einmal persönlich treffen, da dies im späteren Verlauf zu einer ähnlichen Kooperationsintensität führt, wie es bei nicht virtuellen Teams der Fall ist[27] und sich eine vertane Chance eines solchen Treffens, meist in hohen Anschlusskosten äußert. In Bezugnahme auf die Individualität des einzelnen geführten Team Mitgliedes, ist diese gleich zu setzen, mit dem Verständnis der sozialen Bindung, welche als Rückkopplung im Sozialen Raum mit unserer Vorstellung von uns selbst prägt. Dies passiert in einem Schleifenprozess[28], welcher sich nicht auf (eine) Interaktion mit dem Umfeld beschränkt, sondern sich im ständigen Wandel befindet. Deshalb ist es wichtig, die Kommunikation im Team auch im späteren Verlauf auf die beim Kick-off-meeting festgelegten Gruppennormen hin zu prüfen, da Verstöße gegen jene vor allem Konfliktpotenzial fördern. Treten Verstöße gegen die Gruppennormen nach der

---

[20] Breuer et al. (2016),
[21] Vgl. Akin, Rumpf (2013), S.379-380
[22] Arenberg (2017), Kapitel 6.2. Abs.7
[23] Vgl. DGFP o. J.
[24] Vgl. Ternès, Wilke (2018), S.323
[25] Vgl. Schiersmann, Tiel (2014), S.255
[26] Müller (2013), S.169
[27] Vgl. Rocco (1998), S.500
[28] Vgl. Matthias Horx (2011), S. 113

Findungsphase und des Kick-off-meetings auf, deuten diese auf einen Konflikt. Konflikte werden nach Schwarzbach unterteilt in „Untergruppenkonflikte, Territorialkonflikte, Rangkonflikte, Normierungskonflikte, Zugehörigkeitskonflikte, Führungskonflikte, Reifungs-und Ablösungskonflikte, Substitutionskonflikte und Verteidigungskonflikte"[29]. Jede Führungskraft, sollte daher die durch einen Konflikt entstandene Eigendynamik nutzen, um diese in Konstruktive Bahnen zu lenken und Lösungspotenzial frei zu setzen, denn das austragen dieser schafft Identität[30]. Ein Kommunikationsplan, unterstützt dabei die Verhaltensänderung nachhaltig, indem er kognitive so wie emotionale Aspekte mit einbezieht. Dies geschieht in drei Stufen so Müller[31]:

1) Informationsphase: Erhebung der Kooperation im Projektteams

2) Kommunikationsphase: Status Erhebung einzelner Leistungseinschätzungen

3) Aktionsphase: hier werden aktive Maßnahmen zur Verbesserung der Kommunikation im Projektteam integriert.

c) Teams vs. virtuelle Teams differenzierungsgrundlagen

Es sei darauf verwießen, dass es keine einheitliche Definition von Virtuellen Teams gibt, bzw. der Gegenstand der Virtualität es erschwert diese sukzessiv zu differenzieren. Da es ja auch Teams gibt, welche im gleichen Büro arbeiten, also sich physisch jeden Tag sehen und dennoch über verschiedene Kommunikationsformen der Telegraphie Kommunizieren. Ferner diese dann noch asynchron betreiben, deshalb gehen wir hier von dieser aus. „Teams sollen dabei durch Geramanis[32] definiert werden, als „eine spezifische Gruppe, die arbeitsteilig aufeinander angewiesen ist, und erst in der Kombination ihres Wissens und Könnens die notwendigen Ergebnisse erzielt". Virtuelle Teams sollen darüber hinaus mit App[33] dadurch gekennzeichnet sein, dass „ihre Mitglieder an unterschiedlichen Standorten arbeiten und moderne Medien sowie Social Software für die Interaktion mit den übrigen Teammitgliedern einsetzen.[34]"

---

[29] Schwarz (2013), S. 164
[30] Vgl. Cicero, Schwarzenbach (2014), S.7
[31] Vgl. Müller (2013), S.252
[32] Geramanis (2014), S. 180
[33] App (2013), S. 12
[34] Mackrodt (2017), S.17

Hieraus lässt sich eine einfachere Differenzierung vollziehen. Im Gegensatz zu normalen Teams, sind die Dienstsitze über verschiedene Standorte, oftmals auch Global verteilt. Dabei wird die Kommunikation fast ausschließlich, über moderne Medien betrieben, hierunter zählen u.a. Email, Telefon- oder Videokonferenzen, sowie instant Messenger bsp. WhatsApp, Facebook und Telegramm oder Skype. Es findet eine Kompetenzen Erweiterung statt, welche sich vor allem auf die neu zu bewältigenden Medien und die Handhabung mit diesen bezieht[35]. Natürlich unterscheiden sich die Teams auch durch eine andere Auffassung von Zeit, da sich diese in den verschiedenen Zeitzonen verteilt sehen, andere Zeit Zonen bedingt auch meistens die Interaktion mit anderen Kulturen, was virtuelle Teams dann also auch auf Grund der Heterogenität ihrer Teilnehmer und deren Verständnis von Zeit von normalen Teams differenziert. Zusammenfassend lässt sich sagen, dass ein Virtuelles Team alle Merkmale eines traditionellen Teams aufweisen, jedoch aufgrund der Entfernungen neue Herausforderungen im Bereich der Zusammenarbeit, der Kommunikation und der Kooperation auf diese zukommen[36].

A2 Klärung eines eskalierten Konfliktes am Arbeitsplatzes durch die Adaption eines Kommunikationsmodells. Beschreibung der einzelnen Schritte und Ziele, die mit einem solchen verfolgt werden können.

a) Konflikte

Brown definiert Konflikte folgend, „Conflict is incompatible Behavior between parties whose interests differ[37]" darüber hinaus, definiert Kriegsberg Soziale Konflikte als "Social conflict is a relationship between two or more parties who (or whose spokesmen) believe they have incompatible goals.[38] Konflikte im mikro-Sozialen Raum, sind in Unternehmen sehr oft anzutreffen. Dabei sublimieren Konflikte nicht nur die

---

[35] Vgl. App (2013), S.28-29.

[36] vgl. Fassnacht (2010), S. 10-11

[37] Brown (1983), S.4
[38] Kriesberg (1973), S. 17

Produktivität und kosten Zeit so wie Nerven, ferner stören sie auch das Harmoniegefüge, was sich in einer verminderten Zusammenarbeit der betroffenen Konfliktparteien äußert. Manchmal, hilft dann nur noch eine professionelle Herangehensweise[39]. In Bezugnahme auf oberes Beispiel, handelt es sich um einen kalten Konflikt, da keinerlei Kommunikationsversuche der betroffenen Konfliktparteien mehr stattfinden. Die Kontaktvermeidung und Ausweichprozeduren der betroffenen Mitarbeiterin, deuten ebenfalls auf einen solchen Konflikt hin. Desillusionierung und Frustration machen sich am Arbeitsplatz spürbar merklich, die Konfliktparteien haben es aufgegeben, die andere Seite von ihren Ideen überzeugen zu wollen[40]. Den Konflikt kann man auf der dritten bis vierte Stufe von Glasls Stufen, der Konflikteskalation ansetzen. Dh. dass er sich auf der ersten von drei Ebenen austrägt, was eine (Win-Win) Situation noch nicht ausschließt. Auf dieser Ebene sind sinnvolle Interventionen der Transakionsanalyse noch möglich, ferner kann auf eine Mediation geraten werden[41]. Anzuführen ist, dass die wenigsten Personen Konflikte aus purer Bosheit und vorsätzlich verursachen. Andere Personen haben andere Wertevorstellungen, Maßstäbe, Hoffnungen Erwartungen und Interessen, sie beziehen sich also auf eine andere kognitive Landkarte und nehmen die Welt durch andere subjektive Perspektiven wahr[42]. Um den Konfliktbeteiligten, dies perzeptiv begrifflich zu machen, erhob E. Berne (1910-1960) ab den 1950er Jahren[43] ein Verfahren zur Aufstellung betroffener Konfliktparteien. Dieses Verfahren als Transaktionsanalyse, kurz (TA) bekannt, ist nicht nur in medizinisch psychologischen Kreisen durch seine Wirksamkeit bekannt und wird von daher freilich oft, als Standard Verfahren zur Konfliktauflösung priorisiert[44].

Sinn der Aufstellung ist die Aufdeckung von Störungen und Blockaden im System welches ggf. auch eine Arbeitsgruppe oder Team, bis hin zum einzelnen Individuum inkludiert[45].

Die (TA) besteht aus vier Elementen

---

[39] Vgl. Lanz (2016), S.10
[40] Vgl. Glasl (2004), S.73
[41] Vgl. Glasl (2004), S. 127-129
[42] Vgl. Werner, Schierle (2016), S.25
[43] Vgl. Hagehülsmann, Krüll, (1997),
[44] Schlegel (1995), S.1
[45] Behrens (2019), S.1

b) Strukturanalyse

Hier wird in drei verschiedene Ich-Zustände unterschieden. Die exteropsychische, neopsychische und archäopsychische Ich-Zustände (Eltern/Erwachsenen und Kinder „Ich"), sind die prinzipiell möglichen Zustände von welcher aus einer Information von einem Sender, hin zu einem Empfänger transferiert wird[46]. Dabei enthält die Nachricht je nachdem aus welchem Ich-Zustand die Nachricht entstammt, ebenfalls die Möglichkeit auf einen der drei Ich Zustände, auf der Seite des Empfängers zu treffen und je nach „Trigger"[47] einen Zustand aus zu lösen. Dabei spielt es eine Rolle, ob die Kommunikation spontan oder als absehbar an zu sehen ist, was eine reflektiert bewusste Gesprächshaltung ermöglicht, in welcher die beteiligten die Auswahl über ihre Ich Zustände verfügen[48]. Der Optimalfall, welcher sich in der Kommunikation betroffener Menschen ggf. Systeme ausgelöst durch Stimuli ergibt, ist zumindest wenn man das Ideal der Normalität[49], welches normalerweise in Firmen vorherrscht mit in diese Überlegung einbezieht nach Staehle eine Komplementäre Transaktion, welche den Erwachsenen Zustand des Senders und Empfängers gleichermaßen triggert.

c) Transakionsanalyse nach E. Berne

Transaktion welche Berne als die Grundeinheit aller Sozialen Verbindungen[50]tituliert, ferner als Einheit von verbaler oder averbaler Anrede sowie verbaler und averbaler Reaktion definiert den vom Sender Tendierten Ich Zuständen zugeschrieben werden kann, ferner von welchem Ich-Zustand die Reaktion des Empfängers ausgeht. Da diese nicht dieselben zu sein haben, unterscheidet man in stimmige und unstimmige Transaktionen[51]. Dabei sind bei zwei verschiedenen Gesprächspartnern von welcher jeder drei verschiedene Ich Zustände hat, insgesamt neun optionale Transaktionsmuster möglich. Eine Transaktion besteht immer aus einem Stimulus welcher zwischen den Ich-Zuständen entweder eine komplementäre Transaktion, also eine (ergänzende Transaktion) auslöst oder es aber zu einer Überkreuz Reaktion kommen lasst, letztere

---

[46] Vgl. Berne (2015), S. 29
[47] Stimulus welcher Verhaltenstendenzen auslöst
[48] Traut-Mattausch, Frey (2006), S.542
[49] Staehle (1999), S.321
[50] Vgl. Berne (2015), S.37
[51] Vgl. Berne (1996), S.370; (1972), S.447/S.520

beendet die Transaktion. Bei Überkreuz-Transaktionen gibt es verschiedene Gründe weshalb diese stattfinden, nach Berne sind diese immer auf den Stimulus als Trigger zurückzuführen.

Schmidt führt an, dass sich in Bezugnahme auf Organisationen der Systemische Ansatz der (TA) als sehr wirkungsvoll erwiesen hat, dabei gliedert er diese in drei voneinander unabhängige Gesichtspunkte[52].

1) Die Systemische Perspektive beinhaltet die Idee einer Verbundenheit, diese verbinden alle im System ablaufenden Vorgänge. Durch das studieren dieser Zusammenhänge kann man erst sinnvolle Interventionen einleiten.

2) Die wirklichkeitskonstruktivistische Perspektive, definiert Wirklichkeiten als durch die Wirklichkeiten des Subjektes geschaffen, von daher ist es wichtig die Idee der Wirklichkeit zu untersuchen, denn die Art, Wirklichkeit zu betrachten und zu organisieren, ist Ausdruck des Weltverständnisses und der Lebenskultur eines Systems.

3) Systemlösungen meinen wie man trotz komplexen Problemstellungen in Systemen Lösungen aufeinander abstimmt, welche einen Beitrag zur Problembewältigung beinhalten. Da es für das einzelne Individuum problematisch sein kann sich in andere Menschen bzw. als eine ganze Abteilung zu denken oder fühlen, definierte Schmidt den Bezugsrahmen. Der Bezugsrahmen ist ein „... Wirklichkeitsverständnis, aus dem heraus oder auf das bezogen sich ein System organisiert[53]". Für Führungskräfte, ist die Konkretisierung und Aktualisierung der definierten Bezugsrahmen von eminenter Bedeutung, da wenn man das System versteht, als nächsten Schritt symbolische Lösungen initiiert, mit welchen sich das System mittels gezielter Stimuli, in die gewünschte Richtung delegiert[54].

Ein erster Ansatz von Führungskräften welche sich Konfliktsituationen ausgesetzt sehen, ist die Beachtung der von den Personen eingenommen Grundpositionen. Im sogenannten Ok-Corall-Gitter nach Franklin, werden diesbezüglich klare Dispositionen vertreten. Insgesamt existieren vier Grundpositionen, diese extrapolieren nach Schlegel den subjektiv wahren Wert, wenn es um die Frage geht ‚wie sich ein Mensch selbst oder

---

[52] Vgl. Schmidt (1994), S.42
[53] Schmidt (2008), S.202
[54] Behrens (2019), S.8

andere bewertet[55]. Deshalb ist es für Führungskräfte wichtig ein Gespür für die gerade vom Subjekt vertretenen Grundpositionen zu entwickeln, um die vorgefundene Situation schnell zu Kategorisieren[56].

1) Grundeinstellung der Menschlichkeit (+/+) Ich bin Ok du bist Ok einsteigen, Vorankommen, sich aktiv zuwenden, Konstruktivistischer Umgang mit Problemen.

2) Wahnhafte Grundeinstellung (+/-) ich bin Ok du bist nicht Ok , abschieben. Den anderen oder das Problem loswerden wollen.

3) depressive Grundeinstellung (-/+) Ich bin nicht Ok du bist Ok zurückziehen, weggehen, nichts anfangen, Sich zurückziehen, von anderen eine Lösung erhoffen.

4) Grundeinstellung der Sinnlosigkeit oder Verzweiflung. (-/-) Ich bin nicht Ok du bist nicht Ok Steckenbleiben, resignieren[57]. Nichts anfangen, steckenbleiben, destruktiv agieren.

Steward und Jones weisen darauf hin, dass die Entwicklung von Grundeinstellungen sehr eng mit der des Lebensskripts verbunden sei[58]. Dieses stützt sich auf die in der Frühen Kindheit eingenommen Grundeinstellungen, wobei es das Gesamte Skript auf die einst bezogenen Stellungen hin anpasst. Das Skript kann man auch als unbewussten Lebensplan definieren. Der Lebensplan unterliegt einem starken elterlichen Einfluss, welcher sich auch noch auf das Verhalten im späteren Erwachsenenleben sichtbar auswirkt. Als Unbewusste Entscheidungen ablaufend, bietet die (TA) hier die Möglichkeit gezielt zu intervenieren und deckt die Verhaltensmuster auf, diese sind oft auf fehlinterpretierte Elternbotschaften zurück zu führen und offenbaren sich in Handlungsmaxime, Verbote und Gebote welchen wir gerecht sein müssen, da ansonsten Liebesentzug als Konsequenz droht[59].

Methodische Intervention im Streitfall

---

[55] Vgl. Schlegel, Transaktionale Analyse, (1995), S.123

[56] Vgl. Behrens (2019), S.9

[57] Vgl. Harris (2011), S.66-76; Schlegel, Transaktionsanalyse 128
[58] Stewart/Joines, Transaktionsanalyse, 177.
[59] Vgl. Rüttinger (2010),

Es gibt eine Fülle möglicher Kommunikationsmodelle und Strukturen, durch welche sich eine Führungskraft Orientierung über möglichen Konflikt und deren Ursachen verschafft. Bei der Erhebung der Probleme und der Zuweisung bzw. Kategorisierung dieser, ist das Analyse Verfahren SynBa-Ga sehr geeignet, da es in vier Dimensionen : Mental, motivational, emotional und physisch besagte gliedert und der Führungskraft selbst bei Kalten Konflikten einen detaillierten Überblick, über die Interessen und Bedürfnisse der Beteiligten, sowie den genauen Konfliktgrund der Medianten liefert. Ein weiterer Vorteil dieses Verfahren, ist es die potenziellen Medianten wahrscheinlich eher dazu bewegen, einen Fragebogen aus zu füllen, als sich direkt auf einen verbalen Dialog ein zu lassen. Dieses Verfahren gibt dem Coach/ Mediator oder Führungskraft, die Möglichkeit Werteneutral auf das geschehene zu blicken und anhand der angegebenen Daten, erste Rückschlüsse zu ziehen[60].

Berne definierte acht grundlegende Methoden für die Lösung eines Konfliktes unter Anwendung einer Transaktionsanalyse:

1) Bei der Befragung wird versucht dem Subjekt aus dem Erwachsenenzustand Ich-Zustand heraus Informationen über die „wahren Gründe" der Situation in Erfahrung zu bringen, dabei stellt ein großes Problem eine Projektion des Eltern-Ich auf den Befrager dar.

2) Hervorhebung (Specification) das wiederholen von nicht stimmigen Äußerungen, oder solche welche ggf. im späteren Verlauf als nicht besprochen, Seitens des Befragten abgetan werden, können durch Paraphrasieren und in Verbindung setzen diesem neu vorgehalten werden.

3) Konfrontation (Confronatation) diese ist dazu da um das Subjekt betroffen zu machen, bzw. eher aufrüttelt. Meist kommt es hier zu einer Unvereinbarkeit, nach Cardon und Mermet besteht diese zwischen dem Erwachsenen-Ich und dem Kind-Ich[61]

4) Bei der Transaktionsanalystische- Deutung handelt es sich um einen Versuch das Erwachsenen ich neu zu orientieren, so wie „konstruktiver ein zu setzen[62].

---

[60] Vgl. Grüne (2006)
[61] Cardon, Mermet (1982), S.46
[62] Berne (1966), S.236

5) Veranschaulichung (Illustration) eine leicht verständliche Humorvolle Anekdote, Gleichnis oder Ähnliches an welchem sich das Subjekt in schwierigen Situationen Orientierung verschafft.

6) Bestätigung (Confirmation) in Anschluss an die Konfrontation, soll die Bestätigung die Vorherrschaft des Erwachsenen Ich, über das Kind-Ich sichern.

7) Die Erlebnisgeschichtliche Deutung (stellt eher eine Therapeutische Maßnahme dar, welche im Firmenkontext nicht direkt ohne professionelle Hilfe vollzogen werden kann, jedoch könnte man hier die bisher erbrachte Arbeit im Kontext Deuten.

8) Den Patienten vor die Entscheidung stellen (Cristallisation) ‚Klarstellung der Lage durch das Erwachsenen-Ich des Therapeuten und des Erwachsenen Ich des Subjektes, das schließen eines neuen Psychologischen Vertrages[63].

A3)

Planung eines Workshops zur Einführung eines Qualitätsmanagementsystem.
Inhaltliche, zeitliche und methodische Planung mit anschließender Reflektion über die
Rolle des Moderators.

Zu Erarbeitende Inhalte des Workshops Definition Qualität / historische Auseinandersetzung / Ziele der jeweiligen Normreihe

Die Einführung eines Qualitätsmanagementsystems kurz (QMS), ist für Firmen mit einem hohen Aufwand verbunden. Dabei kommen nicht nur monetäre Aspekte zu tragen, viel eher trifft die Eiführung eines QMS vielleicht schon bei bloßer Erwähnung bei einigen Parteien a Prior auf wiederstand so Zech. Diese fürchten schlicht um ihren Arbeitsplatz, da sie bei einer erhöhten Transparenz im Unternehmen natürlich auch ihre Autonomie bis hin zu ihrem Beschäftigungsverhältnis in Gefahr sehen[64]. Definiert man Qualität aus dem Griechischen >>qualitas<<, meint dies die Beschaffenheit von etwas, wir verbinden Qualität jedoch sofort mit dem guten, dem nützlichen und reflektieren darin eine Art des Zenits und schönem, welches nach Zech und Dehn zu Ende gedacht in einer Grundsätzlichen Lebenshaltung und der Verantwortung gegenüber seinen nächsten

---

[63] Schlegel (TA) (1995), S.89-91.
[64] Vgl. Zech (2018) S.15

beinhalte[65]. 1987 wurde durch die International Standardisation of Organisation kurz (ISO), definiert was Qualität denn eigentlich ist. In welchen teilen eines Betriebes diese überhaupt zu erscheinen hat und in welchem Rahmen diese zu erheben ist. Hierzu wurden mehrere Normen verabschiedet. Eine Norm beschreib eine Fixe nicht veränderbare technische Größe. Die Normreihen setzen sich Chronologisch mit verschiedenen Aspekten an Qualität auseinander. Die neueste und zugleich Global verbreitetste, welche die Mindestanforderungen an das QM definiert, ist die 2015 eingeführte ISO 9001[66]. Die Moderierten erarbeiten sich in den insgesamt 6 Phasen Systematisch Wissen um somit am Ende des Workshops 70 (Minuten), einen fundierten Eindruck über die Notwendigkeit und praktischen Umsetzung einzelner Aspekte des (Qm) zu erlangen. Dazu werden auch Handlungsanweisungen für eine Auditoren Prüfung verinnerlicht sowie konkretisiert, dies ist hervorzuheben, da auf Grund deren Prüfung hin zertifiziert wird.

---

[65] Zech, Dehn (2017)
[66] TÜV Süd Whitepaper

Phase	Wozu? Methoden	Medien	Zeit in min.
Einstieg (Sensibilisierung) erst Beziehungsebene aufbauen, dann die Sachebene hinzuziehen	Ankommen: Positives Highlight des Tages aufzeigen einer klaren Methodischer und Zeitlicher Struktur ggf. personal Poker[67]	Flipchart Whiteboard	10 Diese Zeit zu investieren ist wichtig, da man so einem Panikstart gezielt entgegenwirkt.
Themensammlung (Breite) Was einem in seiner Gruppe halt eben zu gegebenen Themenkonstellationen so spontan einfällt	Firmenzeitung in Kleingruppen Präsentationen der Kleingruppen Bearbeitung des Themas allen Perspektiven (Nur in dieser Phase)	Flipchart mit Beispielraster Ein Flipchart pro Kleingruppe mit dazugehörigen Stiften Ideen/ Gedankenkarte	20 Ernennung eines Time Keepers in den Kleingruppen „Parkinson'sche Gesetz". Welches besagt, dass sich Arbeit dem gegebenen Zeitrahmen anpasst.
Themenauswahl (Eingrenzung)	Themen auf gemeinsame Liste übertragen	Flipchart	10
Themenbearbeitung (Tiefe)	Ausgewählte Optionen werden inhaltlich konkretisiert	Whiteboard mit Haftnotizen ggf. Ishikara-Diagramm	20
Maßnahmenplanung (Sicherung der Ergebnisse)	Konkrete Ableitung der Ergebnisse und ggf. Prüfung der	Kraftfeldanalyse Dokumentation der Ergebnisse	10

---

[67] Rockenbauch, Berger (2004), S. 219

Phase	Wozu? Methoden	Medien	Zeit in min.
	praxeologischen Anwendbarkeit		
Abschluss (Ausklang) Reflektion	War es hilfreich? Gibt es Vorschläge? Was hat es euch gebracht?	Roti= Return of time invested Whiteboard transparenter Bewertung Skala	10

[68]

Rolle des Moderators bzw. Moderatorin

Nach Neuland ist Moderation eine Art der Arbeit in und mit Gruppen. Die Rolle eines Moderators oder aber Moderatorin ist eine Komplexe, da diese/r Werteneutral dafür Sorge trägt, dass die Gruppe mit gegebenen Mitteln, zu einem für alle Beteiligten vorher festgelegten Erkenntnis Output gelangt. Er hat die Rolle eines methodischen Helfers[69]. Die Erfolgskritischen Faktoren hierbei, offenbaren sich sehr gut im Interaktionsdreieck von Graeßner[70]. Das Dreieck setzt Den Moderator ins Verhältnis zu den Moderierten und dem Themeninhalt, dabei definiert man diese drei als eine Art Schicksalsgemeinschaft, welche wechselseitig aufeinander angewiesen sind. Freimuth überspitzt dies mit der Aussage, dass es sogar unter Umständen Vorkommen kann, dass es trotz aller Umständen der Anstrengungen des Moderators, die Gruppe keine akzeptablen Ergebnisse einstellen[71]. Deshalb ist auch die Gruppe für die Qualität der erarbeiteten Beiträge Verantwortlich, der Moderator stellt lediglich die Rahmenbedingung. Dennoch zeigt uns dieses Beispiel, dass Moderation erfolge nur über die erfolgreiche Transaktion der Moderierten und deren zu bearbeitendem Inhalt möglich ist. Witte Kategorisierte die Funktionsbeschreibung eines Moderators, weiter in drei Dimensionen. 1) Die Gestaltung und das Design von Transaktionsprozessen / Kommunikation 2) Die Koordinierende Begleitung der Gruppeninteraktion und 3) Die gezielte Steuerung des Informationsflusses[72].

---

[68] Vgl. Kursay-Merkle a (2018), S. 507.
[69] Vgl. Kursay-Merkle b (2018), S. 428-429.
[70] Vgl. Graeßner (2013), S.305
[71] Vgl. Freimuth et al. (2014), S. 468
[72] Vgl. Witte (2012), S.94-45.

1) „Wer nur einen Hammer hat für die Lösung eines Problems für den wird früher Oder später jedes Problem zu einem Nagel", getreu Mark Dwayne, gilt auch hier je umfangreicher die Methoden eines Moderators sind, also sein Methodenkoffer ist und desto agiler er diese Methoden auch in spontanen Situationen einsetzt, desto höher ist dessen Glaubwürdigkeit vor den Moderierten.

2) Gelingt es dem Moderator die beim kennenlernen vereinbarten Transaktionsnormen von der Gruppe ein zu fordern und hält er diese auch selbst ein. Wie effizient gelingt es ihm bsph. Anfallende Störquellen zu isolieren.

3) Kann der Moderator wichtige Themen (Hauptthemen) von unwichtigen (Nebenthemen) differenzieren und die Gruppe/n gezielt durch den Erkenntnisprozess zu delegieren.

Akin, N. Rumpf, J. (2013), Führung virtueller Teams, (Report). Gruppendynamik und Organisationsberatung (Magazin). Frankfurt, (Hrsg.) eine Studie der Hay Group 44 (4), S. 373-388.

Cicero, A. Schwarzenbacher, I. (2014), Grundlagen des Im Rahmen des Lehrgangs-Moderation und Workshop Leitung im Kontext der Jugendorganisationen. https://www.rennerinstitut.at/fileadmin/user_upload/images_pdfs/publikationen/Modera tionstoolbox/SR_ADJ_Konflikt_M4_2014_end.pdf

Ternès, A. Wilke, C.D. (2018), Agenda HR – Digitalisierung, Arbeit 4.0, New Leadership Was Personalverantwortliche und Management jetzt nicht verpassen sollten (Hrsg.) Springer Verlag, Wiesbaden. ISBN 978-3-658-21179-0 https://doi.org/10.1007/978-3-658-21180-6

Mackrodt, B. (2017), Team Play Was Counter Strike-Spielern bei virtueller Teamarbeit gelingt und was nicht (Hrsg.) Springer Verlag, Wiesbaden. ISBN 978-3-658-16339-6 DOI 10.1007/978-3-658-16340-2

Berne, E. Games that People Play 16.Auflage, (Hrsg.) Rowohlt Taschenbuch Verlag, Reinbek bei Hamburg, (2015). ISBN: 978 3 499 61350

Breuer, C. (2016) Does Trust Matter More in Virtual Teams? A Meta-Analysis of Trust and Team Effectiveness Considering Virtuality and Documentation as Moderators Journal of psychology https://www.ncbi.nlm.nih.gov/pubmed/27228105.

Cachelin, J.L. (2013) Digitalisierung als Reifeprozess. Personalmagazin, 11(13),52-53. https://www.wissensfabrik.ch/digitaliserung-als-reifeprozess/.

Cardon, A. Mermet, L. (1982), Vocabulaire de L Analyse Transactionelle, Paris: Edition de lorganisation.

Behrens, C. (2019), Praxis Handbuch Aufstellungsarbeit - Aufstellungsarbeit mit Transaktionsanalyse, (Hrsg.) Springer Verlag, Wiesbaden. O-ISBN 978-3-658-18152-9 https://doi.org/10.1007/978-3-658-18152-9

Freimuth, J. Barth, T. (2014) Handbuch Moderation. Konzepte, Anwendungen und Entwicklungen. (Hrsg.) Hogrefe Verlag. Göttingen. ISBN: 9783801723750

Glasl, F. (2004) Konfliktmanagement. Ein Handbuch für Führungskräfte, Beraterinnen und Berater. (Hrsg.) Haupt Verlag (Bern Stuttgart Wien) 8. aktualisierte und ergänzte Auflage. 523 Seiten. ISBN 978-3-258-06719-3.

Zeitschrift für Arbeits- und Organisationspsychologie A&O, (1999), (Hrsg.) Hogrefe Verlag, 43, pp. 216-224. https://doi.org/10.1026//0932-4089.43.4.216.

Grüne, P. (2006) SynBA-3K. Verfahren zur Analyse von Konflikten und Strategien der Konfliktbewältigung in Organisationen Onlineveröffentlichung https://doi.org/10.1026//0932-4089.43.4.216

Harris, T.A. (2011) Ich bin o.k. Du bist o.k. Wie wir uns selbst besser verstehen und unsere Einstellung zu anderen verändern können- Eine Einführung in die Transaktionsanalyse (Hrsg.) Rowohlt Taschenbuch Verlag, Reinbek bei Hamburg 45. Auflage Februar.

Lanz, H. (2016). Konfliktmanagement für Führungskräfte, Essentials, (Hrsg.) Springer Verlag, Frankfurt am Mainz. ISBN 978-3-658-10594-5 DOI 10.1007/978-3-658-10595-2

Müller, S. (2017) Virtuelle Führung Erfolgreiche Strategien und Tools für Teams in der digitalen Arbeitswelt (Hrsg.) Springer Verlag, Wiesbaden. ISBN 978-3-658-19912-8 https://doi.org/10.1007/978-3-658-19913-5

Rockenbauch, K. Berger, U. (2004) Diagnostica Testinformation. 50, S.221-223 (Hrsg.) Hogrefe Verlag. ISSN: 0012-1924; eISSN: 2190-622X

Schlegel, L. (1995) Was ist Transaktionsanalyse? Was sind ihre Eigenheiten im Vergleich zu anderen psychotherapeutischen Richtungen Tübingen. http://www.mko-akademie.de/downloads/ta.pdf

Schlegel L (1988) Kommentar zu den acht Grundlegenden Techniken nach Berne. Zeitschrift für Transaktions-Analyse in Theorie und Praxis 5(3): 89–105

Rüttinger, R. (2010). Transaktions-Analyse. Hamburg.

Schellinger, J. Tokarski, K.O. Kissling-Näf, I. (Hrsg.) (2020) Digitale Transformation und Unternehmensführung, Trends und Perspektiven für die Praxis Springer Verlag. ISBN 978-3-658-26959-3 https://doi.org/10.1007/978-3-658-26960-9

Tuev-nord.de/explore/de/erklaert/wofuer-steht-die-bezeichnung-iso-90012015

Tuvsud.com/de-de/wissenswert/white-paper/leitfaden-iso-9001

Interkulturelle Teams: Neue Strategien der globalen Zusammenarbeit (2017), https://www.faz.net/aktuell/karriere-hochschule/buero-co/radikaler-schritt-ibm-schafft-das-home-office-ab-14938885.html

Schienle, W. Steinborn, A. (2016), Psychologisches Konfliktmanagement Professionelles Handwerkszeug für Fach und Führungskräfte

Witte, E. (2012), Gruppen aufgabenzentriert moderieren. Theorie und Praxis. Göttingen (Hrsg.) Hogrefe.

Groß, S. (2018), Moderationskompetenzen, Kommunikationsprozesse in Gruppen zielführend begleiten (Hrsg.) Springer Verlag, Fulda. ISBN 978-3-658-16904-6 doi.org/10.1007/978-3-658-16905-3

Mohr, M. (2019), Konkrete Auswirkungen der Digitalisierung auf den Arbeitsmarkt in Österreich; EY (unabhängiges Marktforschungsinstitut); 1.001 Arbeitnehmer; Telefonische Befragung

Maier, E. (2019), Einfluss der zunehmenden Bedeutung von Kreativität bei wissensintensiven Dienstleistungen auf den Bedarf an Büros als Physische Interaktionsräume (Hrsg.)Universität Zürich, Abschlussarbeit.

https://wirtschaftslexikon.gabler.de/definition/technologiekonvergenz-54383/version-277422 Zugriff am 22.2.2020

Weibler, J. am 15. Februar (2017), Teams und Digitale Führung Leadership Insiders. Zugriff am 2.2.2020- https://www.leadership-insiders.de -

Döring, F. und Meser, L. (2013) ‚Warum drei von vier virtuellen Teams scheitern. http://www. rochusmummert.com/downloads/news/82_130912-rm_fa_virtuelle_teams_fd_07.pdf.

Kusay, U.M. (2018), Agiles Projektmanagement im Berufsalltag Für mittlere und kleinere Projekte, (Hrsg.) Springer Gabler Wiesbaden ISBN 978-3-662-56799-9 https://doi.org/10.1007/978-3-662-56800-2

Kühne, A. (2011), Interkulturelle Teams / Neue Strategien der globalen Zusammenarbeit (Hrsg.) Springer Gabler Verlag, Wiesbaden. ISBN 978-3-8349-3113-9 DOI 10.1007/978-3-8349-6822-7.

Fassnacht, K. (2010), Grundlagen der virtuellen Teamarbeit. (Hrsg.) FCT Akademie GmbH. Bornheim. http://www.fctakademie.de/wpcontent/uploads/DMVT01_GrundlagenVirTeams.pdf

Eskalationsstufen nach Glasl (2017)

1. Verhärtung der Meinungen und Standpunkte

2. Polarisation des Denkens, Fühlens und Handelns

3. Schaffung von Tatsachen, Rückgang der Empathie

4. Abwertung der anderen Seite, Suche nach Verbündeten

5. Selbstgerechtigkeit sowie Entlarvung und Diskreditierung des „Feindes"

6. Drohstrategien, Tunnelblick und Neigung zu irrationalem Verhalten

7. Dehumanisierung des Gegners, Legitimierung von Gewalt, begrenzte Gewalt

8. Zersplitterund und Vernichtung des Gegners als Bedingung des eigenen Überlebens

9. Totale Konfrontation, auch um den Preis der eigenen Vernichtung